Für alle großen und kleinen mutigen Retter dieser Welt!
F. H.

Für meine große Schwester, die immer die besten Ideen hat.
J.K.

Mehr über unsere Bücher, Autor:innen und Illustrator:innen auf:
www.thienemann-esslinger.de

Julia Klee, mit Bildern von Franziska Harvey
Lilly Osterhase – Wir retten das Osterküken
ISBN 978-3-480-23855-2

Einbandtypografie: Doris Grüniger (nach einem
Handlettering von Franziska Harvey)
Innentypografie: Doris Grüniger, buchundgrafik.ch
Reproduktion: Schwabenrepro GmbH, Fellbach
Druck und Bindung: Livonia Print, Riga, Lettland

© 2024 Esslinger in der Thienemann-Esslinger Verlag GmbH, Stuttgart.
Printed in Latvia. Alle Rechte vorbehalten.
Wir behalten uns die Nutzung unserer Inhalte für Text und Data Mining
im Sinne von § 44 UrhG ausdrücklich vor.

Julia Klee · Franziska Harvey

Lilly Osterhase
Wir retten das Osterküken!

ess!inger

Wenn einem Hasen vor Freude die Schnurrhaare kitzeln, ist es endlich wieder so weit: Ostern steht vor der Tür! Lilly Puschel kann es kaum erwarten. Seit Wochen fiebert sie dem kunterbunten Fest auf der Butterblumenwiese entgegen.
Für Lilly wird es das beste Ostern aller Zeiten! Nicht nur, weil die Goldglöckchen so prächtig blühen und die Hühner ganz besonders schöne Eier gelegt haben; sondern weil Lillebror, Lillys kleiner Bruder, dieses Jahr zum ersten Mal ein richtiger Osterhase sein darf!

Lilly bringt Lillebror alles bei, was ein Osterhase lernen muss: schnell hoppeln, die besten Eier-Verstecke finden, aufgeregte Hühner beruhigen oder Osterkörbchen packen. Auch wenn Lillebror ruft: »Das kann ich schon alleine!« – weiß Lilly genau: Manchmal braucht er eben doch eine helfende Pfote.

Lillebror ist noch klein. Deshalb passt Lilly besonders gut auf ihren Bruder auf – und zeigt ihm das geheime Signal für alle Fälle: dreimal fest mit der Pfote auf den Boden klopfen und mit dem Schwänzchen wackeln!

Dann ist Hilfe nicht weit. Denn auf der Butterblumenwiese halten alle immer fest zusammen! Lillebror macht es gleich nach. »Genau so!«, lobt Lilly und wuschelt ihm liebevoll durchs Fell.

Lillebror gluckst vor Freude. An diesem schönen Frühlingsmorgen hat Lilly nämlich noch eine Überraschung. Leo da Hasí führt ihnen seine allerneueste Erfindung vor: den Eiermalomat 2024. Lilly hebt Lillebror hoch, damit er besser sehen kann, wie ein Ei nach dem anderen über das Band rattert.

»Dieser geniale Apparat zaubert die tollsten Muster aufs Ei!«, erklärt Leo stolz. »Achtung, jetzt kommt der Swusch-Spezialeffekt! Lillebror, drück mal den großen roten Knopf hier.« Lillebror zögert. »Das schaffst du!«, macht Lilly ihm Mut. »Gack-Gack! Stoppt die Maschine!«, ertönt es da plötzlich.

Huhnrike flattert aufgeregt in die Osterwerkstatt, gefolgt von Federlinde, Eilin und Galina. Die Henne japst nach Luft. »Mein Ei, mein schönes blaues Ei ist verschwunden!«
»Wir haben im ganzen Hühnerstall gesucht!«, ergänzt Federlinde.
»In jedem Nest!«, bekräftigt Eilin.
Huhnrikes Augen füllen sich mit Tränen. »Es ist gar nicht für Ostern gedacht! Mein Osterküken ist darin, mein Küki! Es wird bald schlüpfen«, schluchzt sie.
Lilly streicht Huhnrike beruhigend über die Federn.

»Da! Da! Da!«, – kreischt Galina plötzlich. »Da ist es ja!«
Sofort zieht Leo da Hasí die Notschnur. Die Maschine rumpelt – und qualmt.
Mit einem ohrenbetäubenden Rums wirbelt alles durch die Luft. Das blaue Ei schießt durch das geöffnete Fenster nach draußen. Verzweifelt schlägt Huhnrike die Flügel vors Gesicht.
Lilly Puschel zögert keine Sekunde. »Keine Sorge, wir retten dein Osterküken!«, ruft sie.
»Stimmt's, Lillebror?« Und Lillebror nickt, dass die Hasenöhrchen fliegen.

Gleich hinter der Osterhasenwerkstatt steht die große alte Kastanie mit der knorrigen Rinde. In ihrer Krone brüten Vögel. Lillebror deutet aufgeregt mit der Pfote. Lilly schaut nach oben:
Dort zwischen Blättern und Ästen blitzt das blaue Ei hervor.
Über die ganze Butterblumenwiese tönt Lillys Hasenpfiff. Was sie wohl vorhat?
Schon flattert Tali, die Graureiherdame, heran.
»Gut festhalten, Lilly und Lillebror!«
Mit Tali schweben sie höher und höher.

»Da!«, ruft Lillebor. Zwei riesige Reiherschwingen erheben sich gerade in die Luft. Anton, der alte Graureiher, trägt das blaue Ei vorsichtig im Schnabel.
»Er bringt das Ei zurück auf die Wiese!«, vermutet Lilly.
»Wir müssen wieder runter, Tali!«

Lilly und Lillebror umarmen die Reiherdame. »Viel Glück, ihr beiden!«, sagt Tali freundlich.
Gleich hinter dem Hühnerstall hoppeln Greta Seidenpfote, der lange Jakob
und Winnie von der Brombeerhecke ihre sportliche Morgenrunde.
»Hey, Lilly! Hey, Lillebror, wollt ihr mitmachen?«, begrüßt sie Greta.
»Fit werden für Ostern und so!«, keucht Winnie.
»Keine Zeit!«, erklärt Lilly. »Wir suchen ein blaues Ei! Habt ihr es vielleicht gesehen?«

»Meinst du vielleicht das da?«, kichert der lange Jakob.
Tatsächlich! Nicht weit entfernt kullert das blaue Ei über die Wiese.
Lilly und Lillebror hüpfen eilig hinterher.

Gleich hinter der Wiese plätschert ein kleiner Bach. Im kühlen Nass planscht das Wiesel. Lilly mag das Wiesel sehr. Es hat ein großes Herz und ist mindestens so gut im Eierverstecken wie alle Osterhasen von der Butterblumenwiese zusammen.
»Na, ihr beiden, schwimmt ihr ein Ründchen mit mir? Wir wollen doch frisch gebadet fürs Osterfest sein!«, quiekt das Wiesel vergnügt und holt Luft zum Tauchen.
»Ein anderes Mal, liebes Wiesel!«, japst Lilly.
»Wir retten das Osterküken!«, ergänzt Lillebror schnell.
»Das Osterküken?«, wiederholt das Wiesel verwundert.

»Es ist ein blaues …«, setzt Lilly an.
»Ei?« Das Wiesel macht plötzlich große Augen.
»Also das schwimmt gerade da hinten davon!«

Es ist zum Löffelraufen! Schon wieder ist Lilly und Lillebror das Ei entwischt! Gleich hinter dem Bach am Feldrand pflückt der kleine Igel Blumen.
»Dieses Jahr wird der Osterschmuck für unseren Tisch schön bunt, mit allen Farben des Regenbogens!«, freut er sich. »Sucht ihr ein paar Tulpen mit mir?«
»Wir würden dir zu gerne helfen!«, seufzt Lilly. »Aber wir müssen ganz schnell Huhnrikes blaues Ei finden!«
»Denn bald schlüpft das Osterküken!«, erklärt Lillebror.

»Das Osterküken?«, fragt der kleine Igel verwundert. »Davon verstehe ich nichts! Aber wenn ihr es auf was Blaues abgesehen habt, fragt Pina, das Eichhörnchen. Dort drüben im Feld!«

Lillebror lässt traurig die Ohren hängen. »Wir werden das Ei nie kriegen!«, schluchzt er.
Er schlingt seine Arme um Lilly und kuschelt sich in ihr weiches Fell.
»Keine Angst, kleiner Bruder!«, tröstet Lilly. »Osterhasenregel Nummer eins: Osterhasen geben niemals auf! Osterhasenregel Nummer zwei: Große Schwestern haben immer die besten Ideen.«
Lillebror sieht Lilly hoffnungsvoll an. Und tatsächlich: Sie weiß noch etwas!
»Wir folgen einfach Pinas Spur!«, ruft sie und zeigt auf den Boden.
»Schau mal, hier auf dem Weg sind überall kleine Pfotenabdrücke!«

Im Gemüsegarten wachsen die leckeren Möhren für den Osterschmaus. Doch die Hasengeschwister haben keine Zeit zum Knabbern. Wieder hat Lilly etwas entdeckt! Gleich hinter dem großen Beet haben die Gärtnerhasen ganz tief in die Erde einen Brunnen gegraben. Dort enden die Eichhörnchenspuren.

»Pina?«, ruft Lilly. Und tatsächlich: Aus der tiefen Grube blinzeln sie zwei Knopfaugen aus plüschig rotem Fell an. In Pinas Pfoten schimmert blau das kleine Ei.
»Geht's dir gut?«, will das Osterhasenmädchen wissen.
»Hey, Lilly, hey, Lillebror! Ich wollte das Ei zum Hühnerstall zurückrollen, aber ich bin hier reingefallen und jetzt stecke ich fest.«

»Keine Sorge, Pina!«, antwortet Lilly. »Wir helfen dir!«
Wäre die Grube nur nicht so tief!
Alleine schaffen sie es nicht, Pina und das Ei zu retten. Oh nein, was wird nur aus dem Osterküken!

Lillebror verlässt schon fast der Mut … doch dann blitzt es in seinen Augen auf. Was er wohl vorhat?
Dreimal klopft er mit der Pfote auf den Boden und wackelt mit dem Schwänzchen.
»Das geheime Osterhasen-Signal! Lillebror, du bist genial!«, jubelt Lilly.

Einen Augenblick später sind alle zur Stelle. Hauruck zieht Huhnrike, und hauruck ziehen
Leo da Hasí, Tali, das Wiesel, Greta Seidenpfote, Winnie von der Brombeerhecke,
der kleine Igel und die anderen Freunde von der Butterblumenwiese.
Und dann ist es geschafft! Als Lilly, Lillebror und Pina aus der Erde spitzeln,
gibt es kein Halten mehr. Ein Klatschen und Johlen
erfüllt den Gemüsegarten.

Lilly legt das Ei ganz behutsam in Huhnrikes Flügel.
»Du hast es gerettet, Lilly, mein Küki!«, gackert die Henne überglücklich.
Lilly knetet verlegen ihre Pfoten. »Osterhasen-Ehrensache!«, lacht sie
und blickt in die Runde. »Aber ohne euch alle hätte ich das nie geschafft.
Und natürlich nicht ohne Lillebror!«
»Ein Hoch auf Lillebror!«, rufen Federlinde, Galina und Eilin im Chor
und alle stimmen ein.
»Osterhasen-Regel Nummer 3: Kleine Brüder sind die
schlausten Osterhasen der Welt!«, kichert Lilly.
Lillebror strahlt bis über beide Löffel.

»Knacks, knacks!«, knackt plötzlich die Eierschale.
Huhnrike gackert laut auf: »Mein Osterküken!«
»Es schlüpft«, haucht Lilly und schiebt der Henne schnell ein Nest unter den fedrigen Po. Lillebrors Näschen bebt vorfreudig. Und auch alle anderen warten gespannt, bis sich endlich ein kleines Köpfchen aus der Schale hebt.
»Piep!«, piepst das Osterküken.
»Piep!«, jubeln die Freunde. »Willkommen auf der Butterblumenwiese!«
Lilly schließt Lillebror fest in die Arme. »Oh, was für eine schöne Osterzeit!«, seufzt sie voller Freude. Lillebror nickt begeistert.
Lilly kann es kaum erwarten, dieses Jahr gemeinsam mit ihrem kleinen Bruder durch die Gärten zu hoppeln und all die bunten Überraschungen für die Kinder zu verstecken.

Vorher braucht Leo da Hasí natürlich noch etwas Hilfe beim Eierbemalen. Und Lillebror? Der zeigt dem Osterküken erst einmal, was ein richtiger Häschen-Purzelbaum ist.

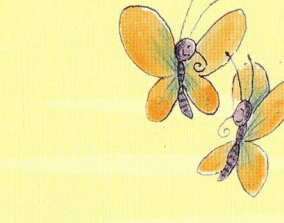